DOMINANDO SOCIAL MEDIA

BY LOS GENIOS DE INTERNET

JUSTO SERRANO & CÉSAR MIRÓ

¡¡Importante!!

No tienes los derechos de Reproducción o Reventa de este Producto.

Este Ebook tiene © Todos los Derechos Reservados.

Antes de venderlo, publicarlo en parte o en su totalidad, modificarlo o distribuirlo de cualquier forma, te recomiendo que consultes al autor/los autores, es la manera más sencilla de evitarte sorpresas desagradables que a nadie gustan.

Los autores no pueden garantizarte que los resultados obtenidos por ellos mismos al aplicar las técnicas aquí descritas, vayan a ser los tuyos.

Básicamente por dos motivos:

Sólo tú sabes qué porcentaje de implicación aplicarás para implementar lo aprendido (a más implementación, más resultados).

Aunque aplicaras en la misma medida que ellos, tampoco es garantía de obtención de las mismas ganancias, ya que incluso podrías obtener más, dependiendo de tus habilidades para desarrollar nuevas técnicas a partir de las aquí descritas.

Aunque todas las precauciones se han tomado para verificar la exactitud de la información contenida en el presente documento, los autores y el editor no asumen ninguna responsabilidad por cualquier error u omisión.

No se asume responsabilidad por daños que puedan resultar del uso de la información que contiene.

Así pues, buen trabajo y mejores Éxitos.

Título: DOMINANDO SOCIAL MEDIA

© 2017, Los Genios De Internet

© De los Textos: Los Genios De Internet

Ilustración Portada: Los Genios De Internet

Revisión de Estilo: www.losgeniosdeinternet.com

1ª edición

Tabla de contenido

Capítulo 10: Programación de Medios de Comunicación Social y Automatización

Trabajar más inteligentemente, no más difícil

Pasos para la automatización de los medios sociales

Elección de las Herramientas de Automatización

Encontrar una Lista de envío Ideal

Tener un sistema para seguir participando

CheckList

Recursos, hoja de trucos

Palabras finales

Introducción: Lo que aprenderá

Si usted es un individuo o dueño de un negocio, es importante establecer una presencia en los medios sociales en línea. Este libro está diseñado para proporcionarle los pasos que debe tomar con el fin de establecer su presencia en los diferentes medios de comunicación social que son populares hoy en día.

El objetivo principal de establecimiento de la presencia en las redes sociales es para ofrecerle una mayor exposición. Por encima de todo una presencia en los medios sociales positiva puede ayudar a que usted puede dar credibilidad a su industria y convertirse en el experto en su campo. Además, los medios de comunicación social proporcionan una excelente manera de relacionarse con los clientes potenciales. También es una gran manera de relacionarse con sus clientes actuales, proporcionándoles un excelente servicio al cliente para que puedan volver a su negocio una y otra vez.

Este libro será su guía para la creación de su autoridad en los medios de comunicación social a través de las plataformas de medios sociales más populares en la actualidad. Aprenderá a configurar sus páginas y aumentar su presencia en línea a través de estas plataformas.

Una vez que usted se ha establecido en estas plataformas, a continuación, aprenderá cómo automatizar los mensajes para que pueda dedicar menos tiempo a trabajar en su red de medios sociales y más tiempo en el contenido y otras estrategias que son necesarias para mejorar su presencia en línea.

Capítulo 1: Creación de una Autoridad en medios de comunicación social

Hay muchas maneras en que puede atraer a gente a su sitio web o blog, pero muchas de estas formas están fuera de su control, a excepción de los medios sociales.

El SEO (por su siglas en inglés -Search Engine Optimization) es obviamente importante, pero es un juego de azar como nunca se sabe realmente cómo o cuándo los motores de búsqueda rastrean su sitio. El boca a boca es una gran manera de ganar la exposición, pero no es algo dentro de su control. Los medios sociales pueden ser controlados si usted está dispuesto a poner en ellos algo de tiempo y un poco de esfuerzo, es posible construir una gran presencia en los medios sociales en un corto período de tiempo.

A lo largo de este libro usted descubrirá las diferentes estrategias que se pueden utilizar dentro de las redes sociales más populares con el fin de construir su autoridad y presencia en los medios de comunicación social.

Lo que mucha gente no entiende de los Medios de Comunicación Social

Cuando se trata de los medios de comunicación social no hay nuevos trucos para aprender. Los medios de comunicación social tiene que ver con generar interacción. El uso de las redes sociales se trata lograr que las personas constantemente se animen a interactuar con usted y luego compartan su contenido. Este es el objetivo principal de las redes sociales y se aplica a través de todas las redes. No existe una fórmula secreta con el fin de convertirse en una historia de éxito en las redes sociales, todo lo que necesita es la interacción convincente.

¿Qué significa la interacción convincente? La definición exacta depende de su sitio web o blog, pero en términos generales significa que desea involucrar a la gente en una conversación que se relacione con su tema. Es realmente nada complicado esto.

No es realmente complicado. La clave de los medios sociales es ser social. Por pura definición, los medios de comunicación social deben ser una calle de dos vías. Si alguien está comentando en sus mensajes, tomar el tiempo para comentar y responder. Usted debe tener conversaciones con las personas que le están siguiendo.

Muchos entusiastas de los medios sociales son simplemente obsesionados con el número de seguidores o Me gusta que consiguen en sus publicaciones, tanto como lo están con la cantidad de tráfico que reciben a su sitio web o blog. En realidad, estos números no tienen mucho que ver con los verdaderos indicadores de tener éxito.

En lugar de centrarse únicamente en el número de nuevos Me gusta que se obtienen, usted debe centrarse en el número de personas que están comentando y compartiendo su contenido. Esta es la verdadera medida del compromiso. Cuando más personas están participando con su contenido, más probabilidades hay de compartirlo, lo que aumentará su exposición.

Saber qué Publicar

No importa la cantidad de consejos que lea acerca de la participación de sus usuarios, se palidecen en comparación con la eficacia de hacer lo que creo que es correcto para sus lectores, medir lo impactante que es y luego ajustando sus técnicas en consecuencia.

¿Cuál es el punto de los medios sociales?

Muchas personas terminan perdiendo una gran cantidad de energía en las redes sociales. Ellos tratarán de conducir a sus lectores y consumidores para sus perfiles de redes sociales, que es todo lo contrario de lo que quiere. El objetivo último de un perfil de soporte social es llevar a la gente que les sigue a su sitio web o blog, y no al revés.

Los perfiles de redes sociales deben ser utilizados como punto de partida para atraer a gente a su sitio web o blog. Su sitio web o blog no debe centrarse en el envío de personas a los puntos de partida. Los perfiles en redes sociales necesitan ser sólidos para conseguir el objetivo.

La construcción de los perfiles de medios sociales

Como se ha mencionado antes, y como se discutirá con más detalle en los capítulos siguientes, la mejor manera de construir su perfil de medios de comunicación social es la creación de contenido atractivo sobre una base consistente. Sin embargo, con esto no se va a construir una audiencia. Si nadie está leyendo el contenido que se escribe entonces nadie se va a compartirlas.

Para obtener la mejor influencia a través de medios de comunicación social tendrá que llegar al punto en el que el número de seguidores que tiene es suficiente para proporcionar el crecimiento a través del intercambio. Para llegar a este punto es más fácil decirlo que hacerlo.

Dirigir a las personas de su lista de correo electrónico a sus sitios de medios sociales es importante. Sin embargo, si usted no está recibiendo diariamente un gran número de nuevos suscriptores a tu lista de correo electrónico, esto no va a ayudarle a obtener más que unos pocos nuevos fans y seguidores. Si usted ha tenido una lista de correo electrónico por un buen tiempo, tomar el tiempo para pedir a los suscriptores existentes para unirse a usted en sus sitios de medios sociales. Más allá de esto tendrá que recurrir a las redes actuales de medios de comunicación social con el fin de conseguir nuevos suscriptores y seguidores.

En los próximos capítulos vamos a ver paso a paso las acciones a tomar en cada uno de los medios de comunicación social con el fin de mejorar su autoridad medios de comunicación social para su nicho.

Capítulo 2: Cómo establecer su propio negocio en Facebook

Ahora que entendemos la importancia de las redes sociales y su papel para su negocio, vamos a echar un vistazo más de cerca sobre la manera de establecer su perfil en Facebook. Esto incluye la creación de su página de Facebook, la identificación de su público, la creación de contenido, la publicidad, y medir y ajustar las cosas, según sea necesario. También es posible enfocar su actividad de Facebook con el fin de cumplir con los objetivos específicos del negocio.

Configuración de la página de Facebook

Su página de Facebook es extremadamente importante ya que hará que su negocio sea más:

- Visible: cuando una persona busca en Facebook lo pueden encontrar con facilidad

- Conectado: Facebook le proporciona un lugar para tener conversaciones con su público, que será capaz de llegar a su página, leer los mensajes, y luego compartirlas con sus amigos.

- Oportuna: su página de Facebook le ayudará a llegar a un mayor número de personas con más frecuencia en forma de mensajes que se pueden adaptar para satisfacer los intereses y necesidades de sus clientes

- Interesantes: la analítica de su página le proporcionará una mayor comprensión de sus consumidores y sus actividades de marketing.

Cuando se configura la página de Facebook, puede elegir un nombre que tendrá una dirección web como Facebook.com/NombreDeLaEmpresa, lo que hará que sea más fácil de encontrar. Facebook ha hecho que sea muy fácil de configurar una página en el sitio. Para aumentar el impacto de su dirección de Facebook asegúrese de que esté incluido en sus tarjetas de visita, su sitio web y todos sus otros materiales de marketing.

Al elegir un nombre para su página de Facebook, es importante elegir sabiamente. Sólo se podrá cambiar el nombre una sola vez, por lo que hay que tener cuidado aquí y tratar de elegir un nombre que mejor refleje su empresa. Por lo general, el uso de su nombre comercial es la mejor opción, si es posible.

Es importante recordar que su página de Facebook es una extensión de su empresa. Se le proporcionará una manera fácil de compartir actualizaciones y más información con las personas que realmente importan a su empresa. Esta página está lista para ayudarle a captar a los consumidores en un nivel más personal a través de computadores y dispositivos móviles.

Cómo crear una página de Facebook

1. Ir https://www.facebook.com/pages/create

2. Elija una categoría para su página

 **Crear una página**

Proporciona a tu marca, empresa o causa una voz en Facebook y conéctala con las personas que te importan.

Se puede configurar. Solo tienes que elegir un tipo de página para comenzar.

Lugar o negocio local

Empresa, organización o institución

Marca o producto

Artista, grupo de música o personaje público

Entretenimiento

Causa o comunidad

3.   Utilice el menú desplegable para elegir una categoría más específica. Complete la información requerida

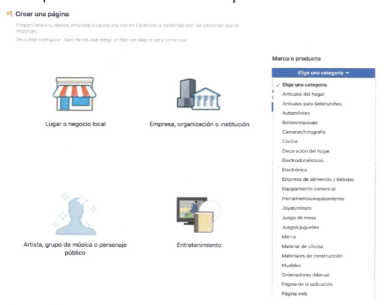

4.   Haga clic en la pestaña *Empezar* y que sigan las instrucciones en la pantalla.

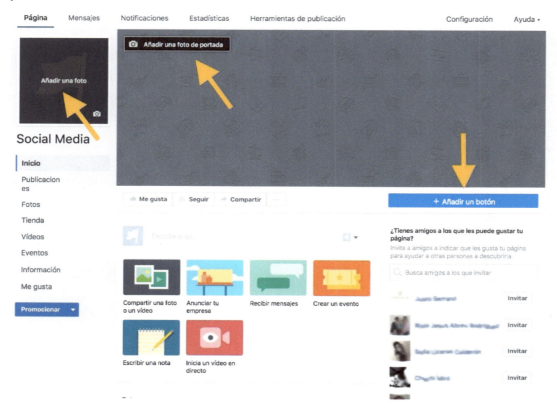

La identificación de su público

Una vez que usted tenga una página de Facebook creada, el siguiente paso es identificar a su público. Facebook no sólo le permite llegar a más personas, sino que puede llegar a un grupo específico de personas que pueden llegar a convertirse en sus clientes.

Con el fin de conectar con su público objetivo debe considerar cuáles son las características comunes que tienen sus clientes ideales, la edad, dónde viven, etc., y cómo su empresa puede ayudarlos. Usted también debe considerar si un grupo particular estaría más interesado en los mensajes dirigidos, en los servicios o productos, o tal vez en una oferta o venta única.

Con el fin de construir su público tendrá que animar a sus clientes y seguidores actuales para que conozcan su nueva página. Estas son las personas que tienen más probabilidades de ver sus publicaciones a través del su suministro de noticias. También es una buena idea para aumentar la audiencia, usar el botón que te ofrece la plataforma:

- Invita a tus amigos: esta es la manera para que la gente conozca su la página, de este modo pueden darte el apoyo con un Me gusta. Esta audiencia inicial ayudará a establecer su credibilidad y difundir la información de la página.

- Comparte la página: asegúrese de que a usted mismo le gusta su página y que se comparte con tus amigos. Tendrá que ser un portavoz de su empresa.

- Invitar a los contactos de negocios: utilizar una lista de personas y enviar un correo electrónico para hacerles saber acerca de la nueva página.

Es importante recordar que no se trata de la cantidad de gente que da Me gusta, sino de conectar realmente con la gente. Si se toma el tiempo para conectar, van a ayudar a contar su historia y hacer crecer su negocio.

La creación de contenido atractivo

Ahora que ha configurado su página de Facebook es el momento de hacer su negocio. Cuando publique fotos, textos y otros contenidos, debería de pensar en lo que sus lectores encontrarán estimulante e interesante. ¿Cómo se va a comunicar con ellos? ¿Qué es lo que se quiere comunicar constantemente acerca de su empresa?

Es importante experimentar con diferentes tipos de mensajes con el fin de averiguar lo que funciona y lo que no funciona. ¿Su público prefieren imágenes o enlaces de interés? Usando la Página Insights (https://www.facebook.com/insights/) Le ayudará a determinar cuál de sus mensajes están funcionado mejor.

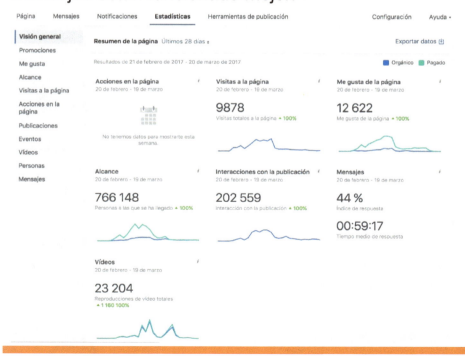

En la creación de contenido es importante ser auténtico, original, natural. Si va a compartir cosas que lo entusiasman a usted, sus clientes son propensos a ser excitado también. También es importante ser sensible. Cuando una persona hace comentarios en sus publicaciones debe asegurarse de que se enteren que su negocio está escuchando. Si usted necesita más tiempo para dar una respuesta a una pregunta de un cliente, responda que está buscando una solución y una vez la tenga, se la enviará.

También es importante ser consistente. Publicar periódicamente le proporcionará la mayor oportunidad para conectar con la gente y generar confianza. Se puede establecer un horario para sus mensajes con el fin de maximizar su tiempo.

Analice lo que funciona bien y continúe haciéndolo. **Cuando usted tiene una publicación de éxito, debe promocionar esta publicación.** Cuando una publicación en específico está recibiendo una gran cantidad de respuesta, debes promocionarla con el fin de llegar a más personas. Cuando una persona le a Me gusta, comenta o comparte su publicación, sus amigos podrán verla también.

Recuerde, con el fin de tener éxito, tendrá que crear mensajes y anuncios que sean interesantes y valiosos para sus clientes. También es importante orientar sus mensajes de manera que las personas adecuadas los estén viendo.

Los anuncios de Facebook, el siguiente paso para crecer.

Una vez que haya empezado a conectar con sus clientes, el siguiente paso es encontrar otras personas que puedan estar interesados en los productos o servicios que usted ofrece. Los anuncios de Facebook son una buena manera de llevar el mensaje correcto a la audiencia correcta en el momento en que se quiere dar a conocer su negocio.

Un anuncio puede ser creado desde el panel de administración de su página de Facebook con el fin de involucrar a más personas. También puede utilizar la herramienta de creación de anuncios (https://www.facebook.com/ads/create).

¿Cuál es tu objetivo de marketing?

Reconocimiento	Prestigio	Conversión
Reconocimiento de marca	Tráfico	Conversiones
Difusión local	Interacción	Ventas del catálogo de productos
Alcance	Descargas de aplicaciones	Visitas en el negocio
	Reproducciones de vídeo	
	Generación de clientes potenciales	

Una vez que haya construido una comunidad para su página, utiliza los anuncios con el fin de orientar a los amigos de las personas que ya te dieron Me gusta en la página. Esta es una forma natural de hacer más presencia utilizando la técnica del boca a boca.

Es importante dirigirse a públicos específicos con diferentes anuncios. Se pueden crear diferentes anuncios con el fin de dirigirse a diferentes audiencias. Una persona es más probable que responda a un mensaje que ha sido creado para ellos.

Medir, probar y hacer un seguimiento

Hay muchas herramientas disponibles en Facebook para ayudarle a medir qué tan bien está haciendo el trabajo en su página. La información de la página es una de las principales maneras de ver cómo el trabajo en su página está llevando a cabo y que deben usar con el fin de buscar tendencias para que pueda desarrollar más el contenido para mejorar.

Utilice las estadísticas de la página como la edad, el sexo, y la ubicación de las personas más comprometidas con la página, de modo que usted sea capaz de seguir colaborando con ellos usando publicaciones y anuncios orientados a esa audiencia.

Pruebe diferentes imágenes y titulares para sus anuncios para determinar lo que funciona. Facebook optimiza automáticamente la campaña de modo que la mayor parte del presupuesto se destinará a la publicidad que está proporcionando el mejor rendimiento.

Cuando las personas llame o escriban un correo electrónico a su empresa, aproveche para preguntar cómo se enteraron de usted. Asegúrese de complementar estos resultados con la información adicional que le proporcionará las herramientas de Facebook.

Capítulo 3: Obtener Su Cuenta de Twitter

El siguiente paso en la construcción de su autoridad en las redes sociales, es crear para su negocio una cuenta de Twitter. En la actualidad hay más de 288 millones mensuales de usuarios activos en twitter y más de 500 millones de tweets son enviados cada día. De los usuarios activos 80% utiliza dispositivos móviles para acceder a su cuenta de Twitter. Con estos números, es fácil ver por qué es importante para su negocio tener una cuenta en Twitter, tan pronto como sea posible.

Obtenga su nombre de usuario

El primer paso en la creación de una cuenta de Twitter es elegir su nombre de usuario.

Su dirección o url de Twitter se verá así: http://twitter.com/SuNombreDeUsuario.

Muchos de los nombres de dominio, especialmente aquellos que terminan en .com han sido deseados desde hace mucho tiempo y son difíciles de encontrar y pueden ser extremadamente caros. Si no reserva el nombre de dominio de su marca personal o negocio está en riesgo de no obtenerlo. La popularidad de Twitter también ha hecho que pase algo similar con los nombres de las cuentas en este sitio.

Si no registra su nombre usuario en Twitter puede arriesgarse a que los impostores usen su marca, lo que podría convertirse en un problema serio para su ella. La popularidad de Twitter ha dado lugar a un mercado de intercambio, donde las cuentas pueden ser compradas y vendidas. Es importante obtener el usuario de Twitter para su nombre completo tan pronto como sea posible. También tendrá que registrar el nombre para cualquier empresa o productos que usted posee actualmente o que usted tenga planes de crear.

Para crear un usuario de Twitter, sólo tiene que ir al Twitter> Haga clic en su perfil> Configuración y en "cuenta"> Nombre de usuario, seleccione su nombre de usuario.

Trabaje la marca usted sí mismo

El siguiente paso a tomar antes de comenzar a usar activamente Twitter para su negocio, es para llegar a una estrategia. El primer paso a tomar para hacer esto es completar su perfil de usuario. Ganar adeptos es uno de los principales objetivos de tener una cuenta de twitter y nadie va a querer seguir una cuenta que no sea real.

Busque en sus sitios web y los perfiles y para redactar su biografía de Twitter. Se trata de cómo la gente lo va a encontrar en Twitter y reconocerle a partir de ahora. Es importante ser honesto, no escriba que es un experto en un área, a menos que usted lo sea. Usted escribe sobre sí mismo, sobre la base de su conjunto de habilidades y pasiones.

Una vez que haya llenado su perfil, elija el fondo de su cuenta de Twitter. Esto le proporcionará la oportunidad de ampliar su imagen de marca personal en el sitio. Hay varios sitios que pueden ayudarle a desarrollar fondos a medida para su página de Twitter, como http://www.twitterimage.com/. Eso es una buena idea para crear un fondo que es similar al formato, colores, y el logotipo de su empresa. Al crear su fondo debe asegurarse de que se agrega en la información adicional que no se encuentra en su perfil, tales como información de contacto, los punteros a sus sitios web, o información sobre servicios o productos que usted vende.

Las técnicas para Branding

La marca de su empresa en Twitter siempre se debe coincidir con la de su empresa. Utilice el nombre de su empresa como su nombre de cuenta, pero asegúrese de usar su propio avatar personal y biografía.

Muchas empresas se dan cuenta de que muchos de sus empleados están en Twitter y pueden usarlos para promover sus iniciativas. Muchas de las cuentas son de la marca por lo que la imagen de usuario tendrá la foto de la persona que combina con el logotipo de la empresa.

Si su objetivo es construir una marca personal fuerte, entonces el nombre de la cuenta y el avatar debe ser del 100% sobre usted.

Utiliza este recurso para darse a conocer como un Experto

Cuando se llega a esto, Twitter es una forma más corta de los blogs, por lo que muchas de las mismas reglas se aplican. Usted debe escribir constantemente un tweet acerca de su experiencia en un tema específico. Al hacer esto se le conoce por ella y la gente va a comenzar a seguirle. Si usted tiene un blog, utilizar https://dlvrit.com/ de manera que pueda sincronizar los mensajes en Twitter automáticamente.

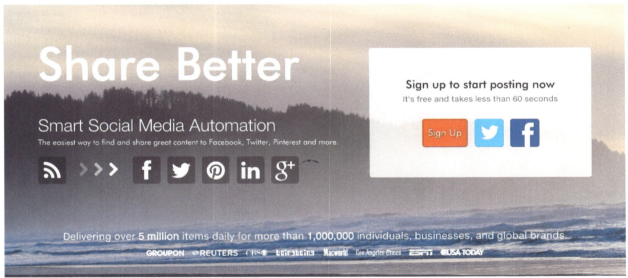

Muchas personas usan Twitter como un filtro. Un experto de confianza para enviar a sus seguidores enlaces relevantes e interesantes. Suscribirse a las palabras clave y blogs a través de www.Google.com/alerts. Usted será capaz de actuar como árbitro enviando constantemente el mejor contenido. Piense como quiere llegar a ser conocido y luego tome esos intereses y establezca una cuenta de Twitter para entregar el contenido a sus seguidores.

Otra gran manera de establecer su autoridad en Twitter es tener sesiones de preguntas y respuestas con sus seguidores. Cuanto más escriba usted sobre el tema en el que desea ser conocido, más gente lo va a recordar que y cuando necesiten respuestas en su área de especialización, es más probable que se pongan en contacto con usted.

Establecer un Plan de Marketing

Los elementos de un plan de Marketing con Twitter:

- **Firma de email:** al firmar mensajes de correo electrónico una buena opción es poner la URL del sitio web o blog y la información de contacto, además añadir su cuenta de Twitter. Esta es una manera de hacer marketing para su cuenta de Twitter con cada correo electrónico que envíe.

- **Sitio web:** si actualmente tiene un sitio web personal o corporativo entonces usted tiene una plataforma para la promoción de su perfil de Twitter para las personas que probablemente estén interesadas en esta red.

- **Blog página de inicio:** su blog es un lugar ideal para la promoción de Twitter. Ponga su dirección de Twitter en la barra lateral para promover sus mensajes de vez en cuando.

- **presentaciones:** si realiza presentaciones incluya su cuenta de Twitter en la última página de sus presentaciones.

- **Tarjetas de visita:** asegúrese de agregar su cuenta de twitter para sus tarjetas de visita

- **La creación de redes a través de Twitter:** utilizando el símbolo @ se crea retweets en Twitter que sirve para compartir contenido con otros usuarios y que nuestros seguidores.

Al igual que con cualquier red social entre más personas le sigan, más fácil será hacer crecer su comunidad. Al igual que con la mayoría de los sitios de medios sociales, el contenido es rey por lo que tendrá que asegurarse de que usted está proporcionando constantemente información de calidad a sus seguidores con los tweets.

Capítulo 4: prepararse con LinkedIn

En mayo de 2003, LinkedIn fue lanzado como una red social para profesionales.

Desde entonces se han producido muchos cambios en el diseño y la funcionalidad en el sitio, pero el propósito principal del sitio no ha cambiado de ninguna manera.

Hay más de 250 millones de usuarios en el sitio y **más de 184 visitantes únicos cada mes.** LinkedIn es sin duda un sitio de redes sociales que usted no debería pasar por **alto** la hora de establecer su autoridad en las redes sociales.

LinkedIn es una red de gran alcance para cualquier negocio que esté buscando contratar a empleados, encontrar nuevos proveedores, generar clientes potenciales, y aumentar conciencia de su marca.

Primeros pasos en LinkedIn

En primer lugar, usted debe asegurarse de que haya registrado una cuenta en https://www.linkedin.com

Se requiere llenar algunos detalles básicos tales como su nombre, título del trabajo y de la empresa.

Una vez que haya completado el registro, se le llevará a su página de perfil donde puede editar sus detalles.

Editar tantos detalles como sea posible para completar su perfil:

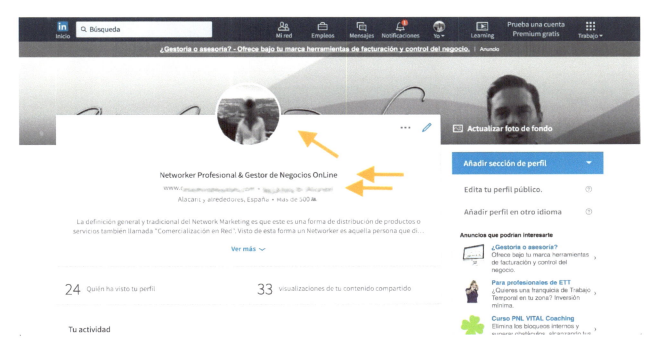

Su foto, nombre y su título son los 3 elementos que aparecerán en primer lugar a través de LinkedIn. Recuerde que la primera impresión es muy importante, por lo que cuando va a crear su perfil en LinkedIn asegúrese de que usted se centra en estas áreas.

En su foto de perfil la cara tiene que ser siempre una alta calidad, con la cara de su perfil centrado. No vuelvas a salir del área de la foto en blanco como la gente verá automáticamente que se trata de poca confianza.

Asegúrese de que utiliza el nombre con el que todo el mundo te conoce. Usted debe usar su nombre completo a menos que no lo conozcan por él, cosa que puede pasar. Por ejemplo, si su nombre es Christopher, pero todo el mundo lo conoce como Chris, utiliza Chris. Sólo se debe utilizar su nombre y apellido.

El título tiene que ser de carácter informativo. No puede haber un poco de información en su titulo. Esta información puede ser separada por medio de separadores. Asegúrese de que esté en la lista el nombre de la organización para la que trabaja, así como la posición que tiene.

Actualizar información de contacto

Es importante asegurarse de que toda su información de contacto está al día. Su nombre de usuario, número de teléfono, correo electrónico y dirección sólo será visible para sus contactos. Su nombre de Twitter y los sitios web serán visibles para todos. Toda esta información es extremadamente importante en su perfil de LinkedIn.

Su Resumen

La sección del sumario se debe utilizar para contar su historia personal. Esto incluye lo que eres, sus objetivos de vida, sus objetivos de carrera, y lo que son sus pasiones. El resto de su perfil de usuario le proporcionará el espacio suficiente para una lista de sus habilidades,

logros experiencia, y de la carrera. El resumen debe ser utilizado para revelar un poco acerca de su personalidad y para hablar de lo que busca en el sitio.

Trabajar a través de todo su perfil cuidadosamente para asegurarse de que se ha completado y añadir nueva información a medida que avanza. Podrá incluir todo lo que usted ha trabajado, su experiencia, sus habilidades, etc., complete todo cuando sea posible en su perfil.

Creación de conexiones

Uno de los componentes más importantes de LinkedIn, como de cualquier otra red social, es la creación de relaciones. Cuantos más contactos tenga, con mayor frecuencia aparecerá en los resultados de búsqueda. Esto no significa que usted debe tratar de contactarse con tantas personas como sea posible. Las relaciones en LinkedIn debe ser abordadas de la misma manera como la creación de redes en situaciones del mundo real, tales como en conferencias y seminarios.

Debe conectarse con la gente que ha cumplido recientemente o que ya conoce. La función de búsqueda se puede utilizar para encontrar a los que no están todavía en su red. Cuando invite a alguien a LinkedIn tomese el tiempo para escribir una nota personal. Una vez que comience a explorar los diferentes grupos en el sitio que va a empezar a interactuar con nuevas personas.

Al igual que con cualquier otro marketing en medios sociales, LinkedIn le ayudará a encontrar nuevas perspectivas y aumentar sus ventas, pero usted tendrá que poner un poco de esfuerzo en él. Recuerde que en LinkedIn se está interactuando con otros profesionales.

Capítulo 5: La gran G - Autoridad en Google+

Google + es relativamente nuevo en los medios sociales, pero la verdad del asunto es que no va a ninguna parte. Por esta razón, usted debe registrarse para obtener una cuenta de Google+. Es casi imposible hacer nada en Internet sin un producto de Google de algún tipo. La empresa es muy innovadora y estará durante mucho tiempo.

Creación de una cuenta de Google

El primer paso que tendrá que tomar con el fin de participar en Google+ es crear una cuenta de Google. Si actualmente tiene una cuenta de Google tendrá que iniciar sesión y después haga clic en el botón +, que aparece en la barra lateral izquierda o puede ir directamente a https://plus.google.com.

Si usted no tiene una cuenta de Google, crea una ahora. La creación de una cuenta de Google le permitirá el acceso demasiadas aplicaciones y servicios diferentes que Google tiene para ofrecer, incluyendo Gmail, Google Calendar, Google Docs, YouTube y muchos más.

Registrarse Google +

Una vez que tenga una cuenta de Google, ahora tendrá que registrarse en su cuenta de Google +. Cuando se una, se creará automáticamente un perfil público de Google+. Asegúrese de que utiliza su nombre real cuando se registra porque si no, usted está violando los términos del servicio.

El siguiente paso es crear su perfil. En primer lugar elegir su sexo y entonces subir una foto. No se salte este paso. Si usted está tratando de establecer la autoridad en línea, elija una foto de calidad. Usando la misma foto a través de sus redes sociales, será más fácil para sus amigos y clientes que lo reconozcan y pongan una mejor atención a su contenido.

En la siguiente pantalla podrá añadir las personas que conoces a tus círculos. Es probable que haya sugerencias para usted en esta página. Si tiene otra cuenta de correo electrónico puede importar sus contactos de las cuentas o se puede buscar a través de Google + por el nombre de las personas.

Cuando haya terminado de añadir personas a tus círculos, a continuación, llega a una lista de personas interesantes y famosas. Puede añadir cualquiera que desee a sus círculos. No se preocupe por la adición de todo el mundo de inmediato. Puede añadir y eliminar personas de los círculos en cualquier momento.

Creación de su perfil

El siguiente paso es añadir más información a su perfil. Esto incluirá, lugar de trabajo, dónde vive, y las escuelas a las que asistió. Si agrega más información a su perfil, más fácil será para que la gente te pueda encontrar. Usted tiene control sobre quién puede ver qué aspectos de su perfil. Una de las mejores cosas de Google+ es que se puede controlar qué círculos pueden ver la información que envías. El sitio le permite mantener la información personal privada, mientras que también le permite crear círculos de negocios donde se puede enviar información sobre su negocio y crear contenido para sus suscriptores.

Todo el mundo tendrá acceso a su nombre y a su introducción. Al crear su introducción debe ser específico acerca de lo que eres y lo que haces para que la gente puede encontrar más fácilmente.

Creación de una nueva página de Google+

Una vez que haya creado su página personal puede agregar más páginas para promover su negocio. Para ello basta con acceder a su cuenta y localizar el icono situado en el menú de la barra lateral. El icono de páginas se encuentra al lado de los juegos.

A continuación, elija una categoría que describe su página. Las categorías son bastante amplio e incluyen las empresas locales; Arte, Deportes, etc., si ninguna de las categorías se ajusta, a continuación, elija otra.

A continuación, tendrá que añadir información acerca de su página. Esto incluye un título y descripción. Asegúrese de que incluye la dirección del sitio web, ya que esto ayudará a apoyar y crear tráfico para su página de Google+. Usted tendrá que elegir una foto de esta página también. Puede ser el logotipo de su empresa o su foto con cara nítida o lo que usted piense que funciona mejor para su marca.

Una vez que haya completado esta página está listo para empezar. Puede hacer clic en la pestaña de perfil en la página para ver cómo se verá cuando los demás la estén viendo. Cada página tendrá una imagen de fondo estándar que se ajusta por Google. Esto se puede cambiar moviendo el cursor sobre la imagen de fondo y la selección de cambio de la cubierta de fotos con el fin de personalizar para que se ajuste a su marca.

Adición de contenido

Al igual que con cualquiera de los otros sitios de medios sociales, tendrá que empezar a añadir contenido interesante a su página. Al igual que con cualquier página normal, Google+, usted será capaz de añadir fotos, vídeos y artículos de enlace a la página. También puede promover la página a su círculo de amigos, así como enlazar la página a sus sitios web actuales. Hay muchas herramientas disponibles para promover su página.

¿Cómo es de diferente Google+?

Los lugares de reunión son la razón principal de que Google + es diferente de Facebook. Los Hangouts le permiten conectarse a través de video con sus clientes y lectores. Considere la creación de un evento semanal de la página en la que los asistentes puedan hacer preguntas acerca de sus productos o servicios y obtener información directamente de usted.

Capítulo 6: Autoridad de YouTube - Ampliación de la credibilidad instantánea con vídeo.

Muchas personas cometen el error de no pensar en YouTube como un sitio de redes sociales. El hecho es que YouTube es la tercera red más grande del mundo. La actividad en YouTube ocupa casi el 20% de toda la actividad de los medios sociales. Con estos números es imposible hacer caso omiso de YouTube cuando se está tratando de establecer la autoridad en su nicho en los medios sociales.

Hay algunos pasos importantes que se deben tomar antes de poner su primer video en YouTube.

Definir su propósito

Lo primero que hay que hacer es definir su propósito para el video. Esto le ahorrará dinero ya que usted será capaz de crear vídeos con mensajes más simples. Con los mensajes que están bien hechos y son más específicos, es más probable obtener un retorno de su inversión. Cuando su objetivo está claramente definido que será más fácil para los clientes potenciales para encontrarlo. Además, usted no estará compitiendo contra los competidores más grandes de presupuesto para el vídeo han clasificado para un término de búsqueda más grande y más amplio.

Al considerar su propósito tendrá que pensar en lo que estamos tratando de lograr con su video. Además, usted tendrá que considerar las métricas que va a utilizar para juzgar si el video es o no un éxito. Por ejemplo, es posible que desee con los vídeos:

- hacer ventas
- Generar clientes potenciales entrantes
- Crear conciencia de marca
- Posicionar su marca
- Demostrar nuevos productos o servicios
- Educar al mercado
- para entretener

Una vez que haya determinado lo que quiere, el resultado del vídeo y cómo va a medir su éxito, el segundo propósito que tendrá que definir es el público al que se quiere llegar.

Por ejemplo, usted no querrá hacer un video que sea de interés para ejecutivos jóvenes que no tienen ningún poder de compra. Si usted está tratando de cerrar una venta y no desea crear un vídeo educativo si la mayoría de los tomadores de decisiones ya conocen el tema.

La mejor manera de encontrar la respuesta de quién es su audiencia será imaginar que usted está hablando con su cliente perfecto en un evento. ¿Que les dirías? ¿Qué clase usaría? Este es un esbozo de cómo el vídeo debe ser hecho.

Tipos de vídeo

El siguiente paso es elegir el tipo de vídeo que desea crear. Algunas opciones incluyen:

- Ilustraciones / pizarra
- Animación
- Presentación
- Entrevista
- lapso de tiempo
- Montaje
- cabezas parlantes
- Localizado
- Caso de estudio
- Demo del producto
- Documental

Una vez que haya decidido sobre el tipo de vídeo, luego hay que pensar en el tono. ¿Cómo quieres que sea?:

- Coloquial o técnico
- Formal o informal
- Irreverente o tradicional
- Competitiva o colaborativa
- Seria o humorística
- Nuevo participante o líder en el mercado
- Creativo o corporativa

La lista sigue y sigue, por lo que es importante en primer lugar para llegar a su objetivo y al público objetivo.

Cuando usted está considerando el formato para el vídeo, debe pensar acerca de su marca actual y lo que se siente. Usted tendrá que asegurarse de que su vídeo coincide con su marca. **Esto puede ayudar a tomar más fácil las decisiones.** Por ejemplo, si su marca tiene una ardilla de dibujos animados como su mascota, un dibujo animado puede ser una buena opción. Sin embargo, si su empresa está tratando de salvar al mundo del hambre, un estilo documental más grave puede ser una mejor opción.

Longitud

La longitud de los videos es importante, pero es un poco difícil de definir exactamente, qué longitud es la mejor. En términos generales, un vídeo que es de entre tres y cinco minutos será mejor. Sin embargo, cuando se busca a través de YouTube y Google los videos que tienen el mayor número de clics tienden a ser de entre 90 a 120 segundos de duración. Esta búsqueda sólo muestra que estos videos son muy populares en general y no muestra el resultado deseado con un mercado objetivo.

Se considera la duración adecuada de su vídeo, aquella que va ligada a su propósito. No hay manera de proporcionar la suficiente información sobre el liderazgo de pensamiento en un minuto y medio, por lo que es posible que desee considerar una mayor longitud de 10 a 12 minutos. Si va a crear un video humor, lo puede conseguir en 30 segundos, una demostración del producto puede ser fácilmente cubierto en 90 segundos. Una vez más, todo se reduce a la finalidad de su vídeo.

Se tú mismo

Tal vez lo más importante para recordar a la hora de la creación de vídeos de YouTube es que ser tú. El contenido de su video debe coincidir con su marca. Esto es importante en el desarrollo de la narrativa para el vídeo incluyendo lo de su llamada a la acción.

Subir sus vídeos

Una vez que haya creado el video perfecto para su marca, el siguiente paso es subirlo al canal de YouTube. Hay unos pocos y sencillos pasos a seguir para obtener su salida de vídeo a las masas.

Desde su equipo tendrá que iniciar sesión en su cuenta de YouTube. La creación de una cuenta de YouTube sólo tomará unos minutos. Asegúrese de que se utiliza el nombre que desea que aparezca con sus vídeos. Una vez que se haya registrado su cuenta, haga clic en el botón de subir que se encuentra en la parte superior de la página. Elija la configuración de privacidad para el video y luego elegir el vídeo que desea subir.

Cuando se sube el video se puede editar la información básica, así como la configuración de vídeo. También puede decidir si desea notificar a sus suscriptores. Una vez que se ha subido el vídeo, haga clic en publicar y ya está. Realmente es tan simple como eso.

Establecer presencia en YouTube llevará algún tiempo. Tendrá que publicar videos atractivos e interesantes, es lo mismo que usted haría con cualquier tipo de contenido escrito. YouTube es el segundo buscador más usado y uno de los principales medios de comunicación social, lo que significa que usted debe considerar definitivamente la publicación de vídeos que tengan relación con su marca.

Capítulo 7: Instagram y Pinterest para los amantes de las imágenes

Pinterest e Instagram son grandes maneras de promover su negocio y mejorar su autoridad en los medios de comunicación social a través de imágenes. El uso de imágenes es una gran manera de promover su negocio y cada una de estas plataformas sociales le ofrece muchas opciones diferentes.

Configuración de su cuenta de Pinterest

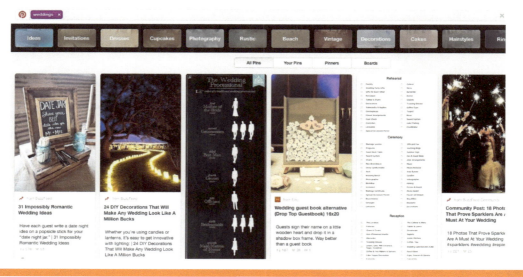

El primer paso será la creación de una cuenta de Pinterest e Instagram. Vamos a empezar con Pinterest.

Primera visita https://es.pinterest.com/
A continuación se le pedirá que introduzca su nombre, su nombre comercial, y para seleccionar su tipo de negocio. También tiene la opción de agregar un sitio web. Todo el proceso tarda menos de 20 segundos.

Al crear su cuenta, tendrá que elegir un buen nombre de usuario y la razón social ya que este será uno de los temas más destacados en su página de la marca. Además, su nombre será bueno para fines de SEO.

Asegúrese de que se tome el tiempo para escribir una descripción. Se le da 160 caracteres para describir su negocio. El objetivo de la sección es que la gente sepa cuál es su negocio y qué va a hacer en su página de Pinterest.

A continuación, asegúrese de que estén los enlaces de sus cuentas de redes sociales. También deberá añadir su sitio web y verificarlo. Este es un paso importante como su dirección URL completa aparecerá más resaltada lo que animará a más gente a hacer clic en él. Además, mediante la verificación de su sitio web que usted será capaz de utilizar la herramienta de análisis que está disponible.

También es importante elegir una imagen de perfil. Esta imagen debe representar su marca para que sus seguidores sean capaces de reconocer su página más fácilmente.

El paso final es crear sus tableros.

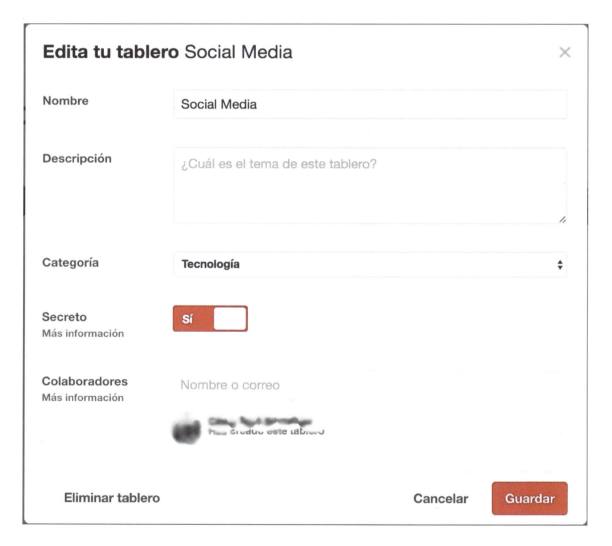

Usted debe dar a sus tableros nombres únicos para hacer que se destaquen. Los nombres deben ser breves, entre 2-4 palabras. Cuando exceden la gente no será capaz de verlos en su totalidad y tendrán que hacer clic en el tablero. Este paso adicional puede disuadirles de mirarlos. Asegúrese de que elige imágenes de la cubierta del tablero. Elige el mejor pin de cada tablero para representarla.

Configuración de su cuenta de Instagram

A continuación, vamos a ver cómo configurar una cuenta de Instagram para su negocio. Los primeros pasos en Instagram son en realidad bastante simples.

1. En primer lugar, instalar la aplicación en su dispositivo móvil a través de la App Store o Play Store.

2. A continuación, crea una cuenta. Es una buena idea utilizar el mismo nombre de usuario como el perfil de su Twitter para mantener la coherencia de la marca.

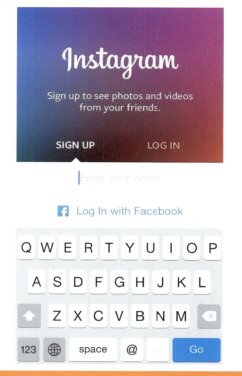

3. A continuación, se le agrega una imagen de perfil, una vez más usando el mismo que se utiliza para Twitter es una buena idea. Conecta tu cuenta de Instagram a sus otras cuentas de redes sociales para que sus seguidores se enteren que también lo pueden seguir allí.

Los próximos pasos son donde muchas empresas luchan con Instagram. Al crear una cuenta de Instagram, recuerde que es todo sobre las imágenes. Sus imágenes tienen que ser una mezcla de diversión combinada con imágenes de su negocio. Trate de contar una historia usando sus imágenes. Publique algunas imágenes de divertidas que sus usuarios puedan disfrutar, tales como fotos de perros y gatos. También añada en algunas de las imágenes de su oficina, su marca, y otros artículos relacionados con la empresa.

Ahora también puede publicar vídeos en Instagram. Estos videos no son como los que se le anuncio en YouTube, sino más bien corto, de 15 segundos. Haz videos que sean divertidos y entretenidos para sus seguidores. Estos videos pueden estar publicados en su sitio web o blog. Esta es una gran manera de aumentar el alcance de su contenido.

Al crear su cuenta de Instagram, es importante compartir una visión distinta del mundo o crear una sensación visual única. Es necesario deshacerse de la necesidad inherente de hacer ventas y centrarse en las cosas que son interesantes para su marca con el fin de llegar a sus clientes. Céntrese en lo que hace a las imágenes atractivas y opte por compartir estas en su cuenta.

Capítulo 8: Conseguir Seguidores e impulsar su Compromiso

Ahora que ha aprendido cómo configurar las cuentas de todos los principales sitios de las redes sociales, el siguiente paso es aprender cómo conseguir seguidores y aumentar la participación. Muchas personas se acercarán a la comercialización de medios sociales con un proceso paso a paso que tiene que ser llevado a cabo cada día. Por esta razón, verá muchos webmasters publicar un número determinado de actualizaciones de estado y de comparten un número determinado de artículos cada día.

Los medios sociales son más acerca de la participación con sus seguidores para generar clientes de por vida. También es una manera de recoger investigación de mercado que es necesaria para mantener sus productos y servicios nuevos y frescos. Aquí están algunas de las formas que se pueden utilizar en sus cuentas de redes sociales para ganar más seguidores y aumentar su participación en cada sitio.

1. Añadir noticias destacadas de la línea de tiempo de su empresa en Facebook.

Las historias que se ejecutan a través del ancho de la línea de tiempo del perfil tienden a generar más interés y el compromiso de un mensaje estándar. Esta es una buena manera de destacar los hitos de su empresa.

2. Ofrecer incentivos para obtener Me gusta: crear una aplicación que conducirá a sus visitantes a un código de descuento especial o un producto gratis a cambio de un Me gusta en su página en Facebook.

3. Rote sus anuncios: cuando se está ejecutando el mismo anuncio de Facebook día tras día, la gente se cansa de verlo. Asegúrese de que usted crea varios anuncios diferentes que se puede cambiar y publicar con regularidad para evitar el desgaste.

4. Personalizar sus gráficos: añadir sus propias imágenes a la línea de tiempo de Facebook va a crear una imagen de marca coherente para su empresa. Asegúrese de que utiliza estas mismas imágenes a través de sus cuentas de redes sociales para garantizar el reconocimiento de marca.

5. Responde a los comentarios: muestre a sus clientes que usted está escuchando lo que dicen. Trate de responder a todos los comentarios que dejan en su página en el momento oportuno. Responda a las preguntas en los comentarios en Facebook o crea un evento e invita a sus seguidores a participar.

6. Sigue a gente nueva todos los días: en twitter se debe utilizar la figura de la autoridad de seguidor listas y elegir cada día, nuevas personas a seguir en su industria.

7. Tweets y mensajes pre-carga: incluso si no puede estar en sus cuentas de redes sociales todos los días, usted debe programar tweets y mensajes de modo que mantenga su compromiso en las redes. La App de búfer, así como otras App le pueden ayudar a programar estos mensajes para ser publicados cuando usted quiera.

8. Descubre a los usuarios más activos: una aplicación como Tweriod en Twitter le permitirá ver a sus usuarios activos durante las horas del día. Puede utilizar esta información para programar sus tweets y mensajes en consecuencia.

9. Utilizar listas de seguidores: la segmentación de sus seguidores en diferentes listas es una gran manera de ser capaz de enviar mensajes únicos a cada uno de los grupos. Esto puede dar lugar a mayores niveles de compromiso en sus sitios de redes sociales.

10. Personalizar una página de destino: cada una de sus cuentas de redes sociales debe conducir a una página de inicio personalizada en su sitio web. Esta página puede proporcionar ofertas, descuentos, etc. para que el consumidor al seguir el enlace desde su sitio de redes sociales llegue su sitio web. Esta es también una gran manera de conseguir seguidores para inscribirse en su lista de correo.

11. Industria: Hangouts en Google+ asegúrese de que usted está participando en reuniones realizadas por otras personas de su industria.

Comprométase con nuevas personas durante estos eventos. Incluso puede crear su propia reunión para proporcionar acceso a los seguidores para enseñar su experiencia y conocimiento en la industria.

12. Hangouts en directo: para construir su siguiente tanto en Google+ y YouTube al mismo tiempo, considere hacer reuniones en directo. Esto le permitirá un flujo de material para YouTube. Esta es una manera rápida y fácil de conseguir algunos videos para YouTube.

13. Recomendaciones de contenido: mire a través del contenido que se recomienda en sus sitios de medios sociales y compartirlas en su perfil. Compartir contenido único y de calidad con sus seguidores es una gran manera de interactuar con ellos y también puede ayudar a aumentar su credibilidad.

14. Comentar el contenido: No sólo hay que compartir el contenido con sus seguidores, pero también debe asegurarse de hacer comentarios sobre el contenido de otras personas. En Twitter utilice el hashtag de manera que una persona que lee su comentario puede ir de nuevo a su cuenta. También puede vincular su información en sus comentarios.

15. Monitor de Actividad: Esta es quizás una de las cosas más importantes que usted puede hacer cuando se trata de su cuenta de las redes sociales. Usted tendrá que seguir de cerca su actividad en cada uno de sus sitios de medios sociales para aprender más sobre lo que está funcionando con su público objetivo y lo que no está funcionando. Siempre se deben cambiar las cosas para que sea más atractivo para sus consumidores. Además, estas analíticas le puede proporcionar nuevas e interesantes formas de interactuar con sus consumidores.

Estos son sólo algunos de los pasos simples que usted puede tomar para hacer que sus sitios de las redes sociales sean más atractivos. Cuando se llega a esto, la interacción en las redes sociales es otra cosa.

Trate a sus sitios de medios sociales como eventos de networking.

Usted quiere obtener el nombre e información de tantas personas como sea posible. La mejor manera de hacer esto es empezar conversaciones con personas que puedan estar interesados en los productos y servicios de su empresa.

Capítulo 9: Mantenimiento de los Perfiles de las Redes Social

Una vez que tenga sus perfiles de redes sociales en marcha, mucha gente se olvide de prestar atención a sus perfiles. Es fácil de olvidarse porque las personas se centran en las publicaciones, en subir vídeos. Sin embargo, con el fin de mantener una imagen positiva en las redes sociales se requiere un poco de mantenimiento. Usted necesita asegurarse de que sus perfiles en redes sociales estén actualizados en en todo momento.

El perfil de los medios sociales es muy importante, así que aquí están algunas cosas que usted puede hacer para asegurarse de que obtiene el máximo provecho de su perfil.

Ajústese bien a los Requisitos del Tamaño de la foto

Si el cliente llega a una cuenta de Facebook, Google +, LinkedIn, o las demás redes sociales y ve una imagen de perfil que es demasiado grande, demasiado pequeña, o fuera de foco, la primera impresión que se van a llevar, no es muy buena. La mayoría de la gente inmediatamente pensarán que si no pueden obtener bien su foto de perfil, ¿qué otra cosa van a estropear? Asegúrese y compruebe los requisitos del tamaño de la foto para cada cuenta y guarde las fotos en ese tamaño para que se vean lo mejor posible y así dar una buena primera impresión.

Botones de Acciones Sociales

No hay forma real de saber la preferencia de nuestros consumidores para compartir contenidos. Por esta razón, usted quiere que sea lo más fácil posible para que los usuarios compartan su contenido en cualquier plataforma que prefieran.

Utilice los botones para los diferentes sitios de medios sociales de manera que si su cliente le gusta Facebook pueden compartir allí, si quieren fijar una imagen en Pinterest, que lo puedan hacer fácilmente. Recuerde, usted quiere que compartan su información y con el fin de que hagan esto, se necesita que sea para ellos lo más fácil posible.

Las descripciones para los próximos eventos

Cuando una persona escuche acerca de su evento en una red social, es importante para ellos saber cómo comprar las entradas o cómo regístrese. Cuando esté creando las descripciones para su evento asegurarse de que está claro dónde se producirá el registro oficial del evento.

Muchos usuarios pueden hacer clic en la pestaña que voy y no tener ninguna idea de que lo que realmente necesitan registrarse para el evento. Incluya de manera clara los enlaces a seguir, cuando se está promoviendo eventos de su empresa en línea.

Palabras clave

A pesar de lo que usted puede haber oído, SEO no está muerto y las palabras clave no son una cosa del pasado. Los perfiles de las redes sociales se incluyen en los resultados de los motores de búsqueda, lo que significa que su perfil debe incluir palabras clave de texto enriquecido. Cuanto más se utiliza una palabra clave en su perfil; más probable es que va a ser asociado con esa palabra clave en la plataforma de medios sociales. Asegúrese de utilizar una herramienta de palabras clave tales como el de Google con el fin de asegurarse de que su negocio está asociado con las palabras clave apropiadas de la industria.

Anime críticas

Recuerde, los medios de comunicación social es todo acerca de la participación de sus consumidores. Usted tendrá que asegurarse de que usted está animando a sus clientes a dejar comentarios sobre sus experiencias con su negocio. Ellos pueden dejar comentarios directamente en su página de Facebook o en otros sitios de la revisión como Yelp o Urbanspoon.

Característica de los Hashtags

Los Hashtags, frases o palabras que llevan en el prefijo el símbolo # proporcionan una forma de agrupar los mensajes en sitios de las redes sociales. Esta es una gran manera de hacer que su contenido o evento se destaquen. Su hashtag puede ser cualquier cosa: el Nombre de tu evento para una promoción especial para algo sencillo. Asegúrese de que el hashtag es descriptivo por lo que mantendrá a sus seguidores interesado.

Se real

A medida que las comunidades de su red social comienzan a crecer, es fácil que sus clientes empiezan a sentir como si se han perdido en la multitud. Una forma de evitar tener esa sensación, es utilizar sus nombres cuando se está respondiendo a sus comentarios o preguntas.

Las descripciones del meta y etiquetas del título

La etiqueta del título y Meta descripción de sus necesidades en el blog o negocio para incluir su nombre comercial. Si usted no incluye su nombre, una persona puede tener dificultades para encontrarlo. Por ejemplo, Whole Foods tiene un blog llamado así desde siempre. Este es un título atractivo para su blog, pero una persona que esté buscando puede tener dificultades para encontrarlo, ya que no sabe cómo buscar con ese nombre.

Para evitar estos problemas asegúrese de que su nombre de la empresa es una parte de la meta descripción y la etiqueta del título de su blog, para que la gente que está buscando su negocio, puedan encontrarlo fácilmente.

Optimizar su presencia en las redes sociales

Así como debe optimizar su sitio web para su negocio, también es necesario optimizar cada uno de sus sitios de medios sociales. Las empresas pueden añadir nuevos perfiles sociales en diferentes momentos.

Es importante asegurarse de que su presencia en las redes sociales se ha optimizado. Si acaba de empezar, céntrese en un medio de comunicación social. Facebook es típicamente uno de los sitios de las redes sociales más fácil de configurar. Cuando esté listo, puede pasar a otro. Asegúrese de que la información que usted está proporcionando sea similar en las demás plataformas que se creen.

Sus biografías y perfiles deben mantenerse al día en todo momento. Asegúrese de que usted complete cada uno de los perfiles y limpiarlos si es necesario. Una descripción clara y concisa de su empresa, su logotipo y la dirección URL de su sitio web siempre debe ser incluida.

Ponga una fecha de limpieza regular en su calendario. Una vez al mes y asegúrese de que compruebe todos sus perfiles en redes sociales para mantener los logotipos, imágenes e información actualizada.

Capítulo 10: Programación y Automatización de los Medios de Comunicación Social

Una vez que haya creado sus perfiles o cuentas de medios sociales, usted comenzará a darse cuenta de la cantidad de tiempo que se necesita para mantenerlos actualizados con nueva información. Afortunadamente, hay una manera de hacer este proceso mucho más fácil y en menos tiempo.

Empresas de gestión de medios sociales como Hootsuite (https://hootsuite.com/) le permitirá programar los mensajes de Facebook y twitter, hacer el seguimiento de las conversaciones, y mucho más. Esto le puede ahorrar horas de tiempo de cada semana.

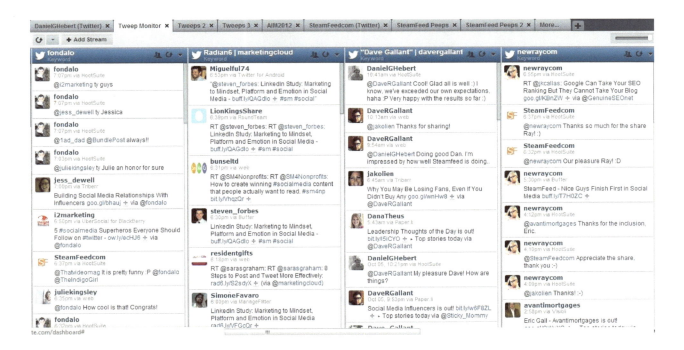

Hay una serie de eficiencias disponibles para desbloquear sus sitios de medios sociales. La pregunta es, ¿cómo automatizar sus sitios de medios sociales, pero aún permanecen presentes con su público? La respuesta es asegurarse de que usted realiza la automatización correctamente. Usted no debería tener una campaña de marketing de medios sociales que comienza y termina con la automatización.

Los medios sociales no deben ser tratados como un asado que se mete al horno y olvidarse de él. En su lugar, considere la posibilidad de su presencia en los medios sociales y que sea más como hornear galletas. Cuando se pone las galletas en el horno de su trabajo no ha terminado, se marchitan preparar el siguiente lote, la facturación en el proceso, y asegúrese de que se cocina de la manera correcta.

En lugar de olvidarse de sus sitios de medios sociales a la hora de configurar la automatización, lo que necesita es automatizar todo lo posible y aún así seguir participando de forma coherente.

Trabajar más inteligentemente, no más difícil

El propósito de la automatización es para ayudarle a trabajar de manera más eficiente. La automatización puede ayudarle a llevar su tiempo de trabajo diario de varias horas a 30 minutos o menos. Esto puede permitirle utilizar su tiempo más sabiamente. Una vez que se da cuenta que la conversión y la automatización van de la mano, se puede trabajar para crear un proceso más eficiente.

Pasos para la automatización de los medios sociales

1. Comprender cuándo hay compromiso y cuando se automatiza

La primera vez que comience a utilizar un programa de automatización, como el ofrecido por Hootsuite, es fácil llegar a ser adicto. Una vez que se haya vuelto más eficiente en un área es fácil de seguir adelante hasta que haya dominado toda la cantidad de trabajo. Cuando se trata de medios de comunicación social es importante resistir esta tentación. Hay ciertas cosas que deben ser automatizadas, mientras que otros no debería.

Una forma útil para construir su marca es mediante la búsqueda y el intercambio de contenidos de calidad. La automatización puede ayudar en este proceso, ya que proporcionará una manera de publicar estas actualizaciones durante los mejores tiempos para su público, incluso si usted no está alrededor y se liberará para encontrar más contenido para compartir.

Una buena regla a seguir, cuando se trata de compartir contenidos, es la regla 5-3-2. Cinco de sus mensajes debe ser el contenido de otros que son relevantes para su público. Tres de los mensajes debe venir directamente de usted y no ser un argumento de venta. Las otras 2 publicaciones deberían ser personal y no relacionados con el trabajo. Esto ayudará a humanizar su marca. Mantener una programación como ésta, le permitirá centrarse en su audiencia y le ayuda a mantenerse en el punto con su plan de marketing.

Los mensajes que no son urgentes también pueden ser automatizados. Muchos usuarios de medios sociales comparten citas, mensajes de twitter, pensamientos y otros artículos a través de sus cuentas de redes sociales. Si estos mensajes no pierden actualidad, son perfectos para la automatización.

Su alimentación de RSS también se puede automatizar. Esto permitirá que comparta sus mensajes a través de muchos medios a la vez. Es una buena idea para comprobar el formato de cada sitio antes de configurar este proceso.

Elección de las Herramientas de Automatización

Hootsuite es un gran recurso y trabaja con muchas de las principales herramientas de gestión de redes sociales como YouTube, Tumblr, WordPress, e Instagram. Puede configurar fácilmente el programa dentro de su sitio web para que compartir su contenido en todas las plataformas de medios de comunicación se pueda automatizar.

Puede configurar las publicaciones de la manera que desee eligiendo el contenido que se comparte, así como el día y la hora en que se va a publicar. El uso de estas herramientas puede ser extremadamente útil, ya que será capaz de poner todo lo que se encuentra dentro de una cola para que sea ordenado y listo para publicarse en el orden que de modo que serán ordenados y listo para publicarse.

Encontrar una Lista de envío Ideal

El siguiente paso es crear un calendario de publicación ideal. La mayoría de las herramientas como Hootsuite le permitirá poner toda su gran información en una cola de modo que usted será capaz de espaciar los tiempos de sus mensajes durante el día o la semana. Usted debe tratar de llegar a su público en momentos sensibles durante el día. Sin embargo, si desea ser específico acerca de los tiempos que publique hay ciertos criterios que usted puede considerar:

- El momento en el que se encuentran la mayoría de sus fans
- Los momentos en que sus en mensajes, más a menudo, han hecho clic y compartidos
- El tiempo que está disponible para responder a las interacciones

Puede utilizar herramientas tales como Tweriod para analizar sus seguidores con el fin de decirle cuando la mayoría de sus seguidores están cerca y cuando están participando en las redes sociales. Se trata de determinar cuando la mayoría de las personas están en línea para chatear. Aquí están algunas estadísticas a tener en cuenta:

- compromiso Twitter es un 17% mayor en el fin de semana
- Los usuarios de Twitter son un 181% más probabilidades de estar en twitter durante su viaje mañana y tarde
- El mayor número de retweets se produce a las 5 pm.

Depende de usted cuando se trata de establecer tiempos para ser capaces de responder. Cuando usted programe, considere que no es divertido perderse en conversaciones relevantes para el contenido que va a publicar porque usted está durmiendo. Los horarios que no sólo tienen una tasa mayor de usuarios, sino que también debe corresponder con la realidad de cuando va a estar usted en condiciones de responder.

Tener un sistema para seguir participando

Como se ha mencionado una y otra vez, en los medios de comunicación social se trata de la interacción. Incluso si va a configurar la automatización, es importante asegurarse de que esté involucrado en ello. Será muy fácil dejar que las cosas van una vez que haya establecido los mensajes y tweets para la automatización.

Una forma de estar en contacto es el uso de las alertas de Google. Esto le proporcionará un correo electrónico actualiza cada vez que recibe una mención. A continuación, puede responder cuando sea necesario. Puede recibir actualizaciones diarias para demostrar que lo que están diciendo es sobre su marca.

Usted debe estar atento a sus notificaciones de modo que aproveche cualquier oportunidad de participación con los usuarios a medida que esto ocurra. No necesita participar en todos los correos electrónicos de sus canales de medios sociales, pero sin duda debe invertir tiempo para mirar lo que las notificaciones y alertas que sean útiles.

Lo más importante es destinar una hora todos los días o por lo menos un par de veces a la semana para visitar cada uno de sus perfiles en redes sociales e interactuar con su público. Puede utilizar este tiempo del modo que mejor le parezca.

Lista de verificación Dominando Social Media

- El uso de las redes sociales se trata de llevar constantemente a las personas a participar con usted y luego a que compartan su contenido.

- Las redes sociales deben ser una calle de dos vías. Si alguien está comentando en sus mensajes, tomar el tiempo para comentar la espalda.

- Una vez que determine qué mensajes están ganando altos niveles de interacción y compromiso se pueden repetir.

- Los perfiles de redes sociales deben ser utilizados como puntos de partida para atraer a gente a su sitio web o blog.

- Establézcase en Facebook:
    - La creación de su página de Facebook:
        - Al elegir un nombre para su página de Facebook, es importante elegir sabiamente. Sólo se podrá cambiar el nombre una sola vez
        - Crea tu página yendo a https://www.facebook.com/pages/create
        - Llenar todos sus detalles - Acerca de, foto de perfil, Foto de la portada, etc.
        - Identificar a su público.
        - Empezar a crear contenido atractivo.
        - Use Page Insights (página de información) para identificar qué tipos de mensajes mejorar. Fotos vs texto?

- Publicar periódicamente le proporcionará la mayor oportunidad para conectar con la gente y generar confianza.

- Considere lo que funciona y continúe haciéndolo.

- Promocione los anuncios en Facebook Ads para aumentar la participación.

- Asegúrese de medir, evaluar y realizar un seguimiento. Pruebe diferentes imágenes para sus anuncios y titulares para determinar lo que funciona.

- Establézcase en Twitter:

  - Asegure su cuenta en Twitter.

  - Trabaje su marca y utilize un fondo personalizado para su página de Twitter.

  - Si usted tiene un blog, utilizar TwitterFeed para sincronizar sus mensajes en Twitter de forma automática.

  - Utilice las alertas de Google para recibir una alerta de palabras clave relevantes.

  - Establezca un plan de marketing de Twitter.

    - Utilice una firma de correo electrónico que apunta a su perfil de Twitter.

    - Agregue su usuario de Twitter a su sitio web / blog.

    - Añada su cuenta de Twitter en sus tarjetas de visita y otros materiales de marketing.

- Establézcase en LinkedIn:
  - LinkedIn es una red de gran alcance para cualquier negocio.
  - Regístrese y complete su perfil en detalle.
  - Su foto, nombre y título son los tres elementos que aparecerán en primer lugar - ¡qué sea bueno!
  - Crea nuevos contactos mediante el uso de la función de búsqueda. LinkedIn también sugerirá contactos.

- Crea una cuenta de Google+:
  - Crea una página para su negocio mediante la selección de 'Páginas' desde dentro de Google+.
  - Comparta enlaces a su contenido en Google+ para aumentar su participación.
  - Utilice comunidades de Google+ para crear nuevas conexiones y darse a conocer en su campo.

- Establézcase en YouTube:
  - No ignore el vídeo! La actividad en YouTube ocupa casi el 20% de toda la actividad de los medios sociales.
  - Con cada vídeo que cree, defina su propósito. ¿Qué estás intentando lograr?
  - Tipos de vídeo:
    - Ilustraciones / pizarra
    - Animación
    - Presentación
    - Entrevista

- lapso de tiempo
- Montaje
- cabezas parlantes
- Localizado
- Caso de estudio
- Demo del producto
- Documental

- Decida sobre un estilo de vídeo:
    - Coloquial o técnico
    - Formal o informal
    - Irreverente o tradicional
    - Competitiva o colaborativa
    - Seria o humorística
    - Nuevo participante o líder en el mercado
    - Creativo o corporativa
    - ¡Se tú mismo!

- Establézcase en Instagram y Pinterest:
    - Descarga la aplicación Instagram y regístrese.
    - Crea una cuenta de Pinterest y comenzar a crear Tableros.
    - Añadir fotos a Instagram y tanto Pinterest.
    - Asegúrese de usar los hashtags para que las personas puedan encontrar sus mensajes.

- Consigue seguidores e impulsar la participación de:

- Añadir noticias destacadas de la línea de tiempo de su empresa en Facebook.
- Ofrecer incentivos para animación.
- Rote sus anuncios.
- Personalice sus gráficos.
- Responda a los comentarios.
- Sigue a gente nueva todos los días.
- Tweets de precarga y mensajes.
- Descubra los usuarios más activos.
- Utilice listas de seguidor.
- Personalice su página de destino.
- Hacer uso de Hangouts de Google+.
- Recomienda contenido a sus seguidores.
- Comenta el contenido.
- Supervisa la actividad.

- El mantenimiento de los perfiles de redes sociales:
  - Cumpla con los requisitos de tamaño de imagen.
  - Añada botones de acción social.
  - Utilice descripciones claras para los próximos eventos.
  - Haz uso de palabras clave.
  - Alentar a revisión.
  - Utilice hashtags.
  - Sea real.
  - Utilizar la descripción y meta descripciones y etiquetas de título pegadizo.

- Optimizar su presencia en los medios sociales y actualiza su biografía en los perfiles.

- la programación de los medios de comunicación social y la automatización:
    - HootSuite utiliza para programar y controlar sus mensajes de medios sociales.
    - Use la regla 5-3-2 al compartir contenido para mantener el equilibrio. 5 mensajes deben ser contenidos de los demás, 3 publicaciones propias (sin argumento de venta) y 2 publicaciones personales y no relacionados con el trabajo.
    - Encuentra un programa de contabilización ideal.
    - Tener un sistema para seguir involucrado con sus seguidores.

Para ayudarle aún más, aquí están algunos recursos y guías que hemos reunido.

Recursos General de Marketing de Social Media

Social Media Examiner

www.socialmediaexaminer.com

Social Media Examiner es el blog número uno de marketing de medios sociales donde se puede encontrar gran cantidad de expertos que comparten sus consejos y experiencia.

HootSuite

www.hootsuite.com

HootSuite permite automatizar y sincronizar varias cuentas de medios sociales diferentes desde un único panel de control, lo que significa que usted tiene en un solo lugar lo que necesita para comprobar y publicar en lugar de 50...

Shareaholic

www.shareaholic.com

Shareaholic es una herramienta de "amplificación de contenido" que hace que sea fácil para las personas compartir el contenido del sitio a través de diferentes sitios.

IFTTT

www.ifttt.com

IFTTT es sinónimo de "Si esto, entonces eso (Por sus siglas en ingles - If This, Then That) y le permite crear recetas que permiten publicar un evento de una cuenta de red social (o aplicación web) para publicar en evento en otra u otras redes sociales.

Buffer

www.bufferapp.com

Buffer es una herramienta de programación de publicaciones que funciona con Twitter, Facebook, Google+ y LinkedIn.

Recursos de Facebook

El blog oficial de Facebook

https://blog.facebook.com/

Si usted está buscando las noticias más actualizadas en Facebook visita este sitio.

Buzzsumo

www.buzzsumo.com

Si estás buscando inspiración sobre qué tipo de contenido compartir en Facebook, entonces Buzzsumo puede ayudar al mostrarle el contenido más popular.

LikeAlyzer

http://likealyzer.com/

LikeAlyzer es una herramienta que le ayuda a analizar el contenido de Facebook para ver lo que está funcionando, así como para medir la eficacia de su página.

"El tráfico de conducción de Facebook 'Moz

http://moz.com/blog/driving-traffic-from-facebook-whiteboard-friday

Una reciente publicación muy a fondo sobre cómo hacer marketing de Facebook correctamente y la cantidad de tráfico a esperar de Facebook. Una buena visión general actualizada.

Fanpage Karma - www.fanpagekarma.com

Fanpage Karma es una herramienta que le da aún más métricas para las páginas de Facebook, incluyendo el crecimiento, el compromiso y el tiempo de respuesta.

Recursos de Twitter

Tweetdeck

https://about.twitter.com/products/tweetdeck

Tweetdeck es excelente para ayudar a mantenerse al día con sus seguidores y los temas que le interesan. En lugar de gastar mucho tiempo mirando su Twitter o depender de la alimentación principal, se puede usar Tweetdeck para ver tweets de usuarios específicos, con hashtags específicos y más, en un solo vistazo.

Rango social

www.socialrank.com

No todos los seguidores de Twitter son iguales. Con rango social se puede ver cuáles de sus seguidores es más 'valiosos' en términos de su compromiso con sus mensajes y en términos de la cantidad de seguidores que tienen.

SocialBro

www.socialbro.com

SocialBro es una "herramienta de gestión Twitter 'que le da acceso a un montón de análisis y la información sobre los mensajes y seguidores individuales.

Twitter Blog

https://blog.twitter.com/

Twitter también tiene su propio blog oficial, si desea obtener la información más precisa antes que todo el mundo.

Followerwonk

https://followerwonk.com

Followerwonk le da un montón de información útil con respecto a sus seguidores que incluye cosas tales como la hora del día que son más activos.

Recursos de LinkedIn

Blog LinkedIn

http://blog.linkedin.com

El blog oficial de LinkedIn.

LinkedIn Marketing Solutions

http://marketing.linkedin.com/blog/

Un blog independiente para soluciones de marketing " de LinkedIn. Si está pensando en hacer publicidad B2B pagada en la red, entonces este es un recurso útil.

LinkedIn Pulse

https://www.linkedin.com/today/

Pulse es un lugar de LinkedIn donde los usuarios pueden compartir contenido para promover su sitio. Hay un montón de cosas útiles para leer aquí, pero es también una valiosa plataforma para la comercialización.

FiveHundredPlus

https://www.linkedin.com/today/

Si usted está interesado en utilizar LinkedIn para la red, a continuación, FiveHundredPlus puede ser una herramienta útil. Este sitio le permite ponerse en contacto con recordatorios para contactos específicos de manera que no se pierde el contacto y le permite organizar los contactos por varias métricas.

Rapportive

http://www.razorsocial.com/linkedin-tools/

Rapportive es un plugin que se utiliza junto con Gmail de manera que cuando uno se comunica con una nueva persona se puede ver un poco de información acerca de ellos de LinkedIn. Esto también hace que sea fácil de conectar con ellos y así ampliar su alcance.

Recursos Google+

Vlogg

http://www.vlogg.com/

El llamado 'Vlogg' es un blog de Google+ noticias y actualizaciones

IQ rival

https://www.rivaliq.com/

IQ rival le permite ver los esfuerzos de los medios sociales de sus competidores y es particularmente útil para comprobar sus actividades de Google+.

Google+ Buenas Prácticas

http://moz.com/beginners-guide-to-social-media/google-plus

Una guía útil y en profundidad de la Moz siempre fiable.

Barra de herramientas de Google

http://www.google.com/+/learnmore/better/toolbar/

Entre otras cosas, la barra de herramientas de Google hace que sea muy fácil para usted para compartir contenido y ver lo que están compartiendo su G + contactos.

CircleCount

http://www.circlecount.com

CircleCount permite encontrar los círculos, las comunidades y páginas populares en Google+.

Recursos YouTube

El blog oficial de YouTube

http://youtube-global.blogspot.com

Un buen lugar para las noticias, así como asesoramiento.

Blog creadores

http://youtubecreator.blogspot.com

Otro blog oficial de YouTube se centra en sus socios y creadores.

Nube creativa

http://www.adobe.com/creativecloud.html

Nube Creative Suite de Adobe no es barato de ninguna manera, pero si usted va a crear vídeos profesionales de alta calidad, entonces realmente tendrá efectos Premier.

Shawn Barry creativo

https://www.youtube.com/channel/UCZ83dgNeSbm3k6tvu7_7rGw

Shawn Barry es un diseñador de páginas web que proporciona excelentes consejos que hace que los temas complejos sean comprensibles e interesantes.

Herramientas de YouTube

http://www.youtube.com/yt/creators/tools.html

YouTube en realidad ofrece un montón de grandes herramientas gratuitas.

Recursos Instagram

Instagram Blog

http://blog.instagram.com/

Por supuesto Instagram también tiene su propio blog oficial para mantenerse al día con la plataforma.

Compfight

www.compfight.com

Compfight es una herramienta que hace que sea más fácil encontrar Commons imágenes creativas de usar que sólo necesita darle crédito.

Bloq creativa

http://www.creativebloq.com/tag/Photography

Bloq creativa (que no es un error tipográfico) es un sitio que ofrece un montón de información y asesoramiento para los fotógrafos.

Pixlr

https://pixlr.com/

Pixlr es una gran pieza de software de edición de fotos que puede ayudarle a obtener mucho más de sus fotos antes de publicarlas en el sitio.

TÓTEMS

http://totems.co/

TÓTEMS le da en análisis de profundidad para sus esfuerzos de Instagram, así como ayudar a encontrar usuarios influyentes en su nicho de mercado.

Recursos de Pinterest

El Pin del anuncio

http://blog.pinterest.com/

El blog oficial de Pinterest.

Top Comités de Grupo

https://pinterest.com/topgroupboards/

Esta página le ayudará a encontrar los mejores grupos de tableros de Pinterest en cualquier momento. Útil para conseguir la inspiración y ver lo que funciona.

PicMonkey

http://www.picmonkey.com/

Herramienta de edición de fotos basado en web para todas sus imágenes. Gran herramienta para la edición antes de publicar sus imágenes en Pinterest.

PinAlerts

http://pinalerts.com

Recibe alertas instantáneas cuando alguien da un pin a una imagen de su sitio web. Le dice a quien dio el pin en su sitio: "Gracias". Determina la frecuencia de las alertas.

Pin Buscar

https://chrome.google.com/webstore/detail/okiaciimfpgbpdhnfdllhdkicpmdo akm

Una extensión de Chrome que te permite rápida y fácilmente encontrar más fotos en su lugar para compartir.

Palabras finales

Cuando se llega a esto, los medios sociales están aquí para quedarse y si va a establecer algún tipo de presencia en línea, va a ser necesario establecerse en cada uno de los principales sitios de medios sociales.

Cuando se empieza, es posible que desee elegir su favorito y crear su cuenta allí. Una vez que tenga funcionando una, sin problemas, puede pasar al siguiente sitio de la red social de su elección.

La mayoría de la gente normalmente se inicia con Facebook o Twitter ya que estos son dos de los sitios más grandes. Si bien es importante tener cuenta en ambos de estos sitios, también es importante no olvidarse de los demás sitios de medios sociales.

Google + es un lugar donde la gente, cada día, se está uniendo cada vez más. LinkedIn ofrece un gran lugar para reunirse con socios de negocios con ideas afines e Instagram y Pinterest proporcionan una gran salida para fotos e incluso para video clips cortos.

Muchas personas pasan por alto a YouTube como un sitio de redes sociales, cuando en realidad no debería. YouTube no sólo es el tercer sitio sitio más grande de las redes sociales, sino que también es el segundo motor de búsqueda. Asegúrese de establecer su presencia en YouTube si usted quiere tener éxito.

Pasar cierto tiempo en cada una de sus páginas de medios sociales se asegurará de que en tan sólo un corto período de tiempo usted será capaz de establecer su autoridad para su nicho, esto puede conducir a mayores ganancias para su empresa o marca.

www.ingramcontent.com/pod-product-compliance
Lightning Source LLC
LaVergne TN
LVHW071522070326
832902LV00002B/47